L'autobus magique

fait la pluie et le beau temps
Un livre sur les intempéries

Les éditions Scholastic

D'après un épisode de la série télévisée animée
produite par Scholastic Productions, Inc.,
inspirée des livres *L'autobus magique*
écrits par Joanna Cole et illustrés par Bruce Degen.

Adaptation pour la télévision de Nancy White et illustrations de Art Ruiz.
Scénario de John May, Brian Meehl et Jocelyn Stevenson.

Données de catalogage avant publication (Canada)
Cole, Joanna
  L'autobus magique fait la pluie et le beau temps : un livre sur les intempéries
Traduction de : The magic school bus kicks up a storm.
ISBN 0-439-98553-6

1. Temps (Météorologie) – Ouvrages pour la jeunesse. I. Degen, Bruce.
II. Duchesne, Lucie. III. Titre.

QC981.3.C6414 2000   j551.5   C00-931488-1

Édition publiée par Les éditions Scholastic, 175 Hillmount Road,
Markham (Ontario) L6C 1Z7

4 3 2 1   Imprimé au Canada   00 01 02 03 04

Je dois vous raconter ce qui s'est passé le jour où Raphaël a décidé qu'il était un superhéros.

Ce matin-là, nous étions dans la classe et nous avions chaud, et quand je dis chaud... pas la moindre petite brise. C'est le genre de journée où on s'ennuie de l'hiver.

Malgré la chaleur, Carlos travaille à son projet de sciences. Et voilà Frisette (c'est comme cela qu'on appelle parfois Mme Friselis) qui arrive. Elle porte des vêtements complètement farfelus, encore plus que d'habitude. Et elle chante!

— Je sais ce qu'il faut pour nous débarrasser de ce temps lourd, dit Raphaël en regardant par la fenêtre. Un bon gros orage.

— Tu veux dire avec du tonnerre... et des éclairs? demande Jérôme.

Il est seulement neuf heures et Jérôme se dit déjà que c'est le genre de journée où il aurait dû rester chez lui.

L'idée d'un orage déclenche un véritable ouragan dans le cerveau de Raphaël.

— Et si je fabriquais un orage? Ce serait moi, Raphaël, à la rescousse!

J'aime transpirer. On dit que c'est bon pour la santé!

« Je ne serai plus Raphaël, se dit-il. Je serai le grand Magicien de la météo! »
C'est donc comme cela que nous nous sommes retrouvés, encore une fois,
dans une aventure incroyable.

Après un moment, Mme Friselis ramène Raphaël à la réalité.

— Veux-tu participer à notre discussion sur le temps, Raphaël? lui demande-t-elle.

— Bien sûr, dit-il. Le temps est ma spécialité. Le temps, c'est la façon dont tout l'air au-dessus et autour de nous se déplace en ce moment.

— Non! dit Carlos. C'est l'eau qui fait le temps. Tu connais ça, de l'eau? Comme de la PLUIE?

— D'après mes recherches, ajoute Hélène-Marie, le temps qu'il fait est produit par l'air. De l'air en mouvement, comme du VENT.

Kisha n'est pas d'accord, naturellement :

— Pas du tout! C'est la CHALEUR DU SOLEIL qui produit le temps qu'il fait.

Mme Friselis dit que nous avons tous raison :

— L'air, l'eau et la chaleur tous ensemble produisent le temps qu'il fait, explique-t-elle.

Frisette nous annonce alors que nous partons... eh oui! en excursion. Carlos installe son pluviomètre à l'extérieur, au cas où il pleuvrait pendant notre absence.

Nous n'en croyons pas nos yeux lorsque nous apercevons notre autobus : on dirait une station météorologique bizarre.

À quoi ça sert, tout ça?

J'espère que le climatiseur fonctionne encore.

Brrrom! Brrrom! BOUM!

Je crois que la chaleur lui est montée à la tête.

Raphaël recommence son histoire de Magicien de la météo. Avant que nous montions dans l'autobus, il annonce :

— Moi, le grand Magicien de la météo, je vais vous montrer comment changer le temps. Je vais même fabriquer un orage! Mais d'abord, allons explorer l'un des principaux ingrédients du temps, l'AIR!

— Quoi? demande Kisha. Explorer l'air? Mais il y en a tout autour de nous.

— Ah ah! répond Raphaël. Tu parles de ce vieil air ordinaire et immobile! Moi, je parle d'air en mouvement!

Et nous montons à bord.

Nous n'arrivons pas à croire que Mme Friselis laisse Raphaël prendre les commandes. La chaleur doit lui être montée à la tête, à elle aussi. Raphaël appuie sur un bouton, actionne des leviers, et le ventilateur géant à l'arrière de l'autobus se met à fonctionner.

Aussitôt, l'autobus s'élève dans les airs et le toit s'ouvre.

Puis, nous nous transformons en élèves ultralégers. Nous flottons hors de l'autobus, dans les airs.

— Regardez cet énorme nuage! s'écrie Carlos. Dommage qu'il ne soit pas au-dessus de mon pluviomètre...

— Et regardez comme il fait beau soleil ici, ajoute Thomas.

— D'après mes recherches, dit Hélène-Marie, le temps est différent à chaque endroit. C'est parce que diverses combinaisons de vent, d'eau et de chaleur produisent divers types de temps.

C'est vrai qu'elle est intelligente Hélène-Marie!

Lorsque nous regardons l'autobus, nous remarquons qu'il a des ailes et s'est transformé en planeur. Notre autobus nous réserve toujours des surprises.

Hé! je vole.

Je savais bien que j'aurais dû rester à la maison aujourd'hui!!!

À mon ancienne école, on ne faisait pas ça.

Tout ce que Raphaël a fait, c'est de mettre en marche un ventilateur géant.

— Des ventilateurs géants, ça n'existe pas, dit Catherine lorsque nous remontons à bord de l'autobus. Alors qu'est-ce qui crée le vent?

— Je peux te répondre, dit Kisha, mais il faudrait que Raphaël crée un orage.

Le vent est produit par l'action de l'air et de la chaleur.

Le Soleil réchauffe la Terre, qui réchauffe à son tour l'air qui l'entoure. L'air réchauffé s'élève parce qu'il est plus léger que l'air froid.

Lorsque l'air chaud s'élève, d'autre air doit le remplacer : c'est l'air froid qui entre en force.

Et ce déplacement d'air crée le vent.

— Orage en vue, dit Raphaël, de retour aux commandes. Je vais augmenter le vent... j'ajoute de la chaleur... plus de chaleur... plus de vent... encore plus de chaleur... encore plus de... OUILLE!

L'autobus se met à monter en spirale. Un professeur ordinaire serait inquiet, mais pas Frisette. Elle est tout excitée de voir que Raphaël a créé un courant ascendant. Elle explique qu'un courant ascendant est de l'air chaud qui se déplace vers le haut plutôt que vers les côtés. Cela ressemble un peu aux ondes de chaleur qui sortent d'un grille-pain, mais en beaucoup plus gros!

Dès que Raphaël a mélangé l'air et la chaleur pour produire un courant ascendant, quelques élèves commencent à l'appeler « le Magicien ». Kisha n'en croit pas ses oreilles.

— Et les nuages? demande Catherine. Peux-tu en fabriquer, cher Magicien?

— Bien sûr! répond Raphaël. Je vais simplement... heu...

— Il te faut de l'eau, dit Pascale. Les nuages sont faits d'eau. J'ai appris ça à mon ancienne école.

Raphaël actionne un autre levier et, avant de pouvoir dire « Brrrom! Brrrom! BOUM! » nous sommes transformés en eau. On peut voir à travers nous. Carlos réussit même à faire passer son bras à travers Jérôme.

L'autobus commence à changer, lui aussi. Il se transforme en un siphon géant et nous vaporise dans l'air! Si nous étions de la vraie eau, le Soleil nous réchaufferait et nous nous serions évaporés dans l'air. Mais ce qui nous arrive est bien plus amusant.

— Le Magicien nous a transformés en gouttelettes d'eau, explique Mme Friselis, qui appelle Raphaël le « Magicien » elle aussi. Serrons-nous les coudes, les enfants!

— Nous sommes devenus un nuage! s'exclame Catherine.

— C'est grâce à moi, le Magicien de la météo! s'écrie Raphaël.

— On gèle, ici! gémit Jérôme. J'aurais dû prendre une veste.

— L'air est si froid ici, que nous nous transformons en cristaux de glace, annonce Mme Friselis.

— Et en plus, nous tombons, fait remarquer Carlos.

En effet, il a raison. Mme Friselis nous explique que, lorsque les cristaux de glace d'un nuage grossissent et se rassemblent, ils deviennent plus lourds et tombent.

— Il faut voir le bon côté des choses, dit Hélène-Marie. Plus nous tombons, plus nous nous réchauffons.

— Alors, c'est pour ça que nous fondons! crie Thomas.

Raphaël se prend vraiment pour un superhéros, maintenant. Il hurle :

— Ah ah! le Magicien de la météo a fabriqué de la pluie!

Heureusement, notre autobus ne nous a pas abandonnés. Il est redevenu un planeur, mais avec un entonnoir géant sur le toit. Nous « pleuvons » dans l'entonnoir et revenons à bord de l'autobus. Nous sommes redevenus des enfants!

Nous sommes impressionnés d'avoir été un nuage, puis des cristaux de glace et ensuite d'avoir été transformés en pluie. Mais Kisha n'est pas de cet avis.

— D'accord, RAPHAËL, dit-elle, en veillant bien à ne pas l'appeler « Magicien ». Tu as créé un petit nuage et une petite pluie, mais où est l'orage que tu nous as promis?

— Le Magicien tient toujours parole, répond Raphaël qui reprend les commandes. J'ordonne qu'il y ait un courant ascendant! crie-t-il tout en manœuvrant des leviers. Je veux un nuage! J'exige que l'eau gèle!

Plus de chaleur! Plus d'eau!
Plus de vent!
Brrrom! Brrrom! BOUM!

Le vent souffle. La pluie tombe. Le tonnerre gronde. Des éclairs illuminent le ciel. Le Magicien a créé un véritable orage... et nous nous trouvons au beau milieu!

— Hé! s'étonne Carlos. La pluie ne tombe pas, elle MONTE!

— Tu as raison, dit Mme Friselis. L'air humide du courant ascendant se refroidit, puis se condense en nuages. Si l'air devient assez froid, l'humidité se transforme en cristaux de glace, puis en neige. Lorsque la neige devient suffisamment lourde, elle tombe. Au fur et à mesure qu'elle se réchauffe, elle se transforme en pluie.

Quel coup de tonnerre!

Regardez cet éclair!

Foudroyant!

Jérôme se calme un peu et nous donne alors un cours sur les mesures de sécurité.

La foudre est très dangereuse.

Quand on voit des éclairs, il ne faut pas rester dehors.

Et il ne faut JAMAIS se réfugier sous un arbre. La foudre peut frapper tout ce qui se dresse verticalement, comme un arbre.

Croyez-moi, vous ne devez pas être là quand ça arrive!

L'endroit le plus sûr est bien à l'abri à l'intérieur...

... et C'EST POURQUOI J'AURAIS DÛ RESTER À LA MAISON AUJOURD'HUI!!!

Le pauvre Raphaël commence à avoir mal au cœur :

— Je suis allé trop loin! Je dois l'arrêter!

— Désolée, cher Magicien, dit Mme Friselis, mais un orage de ce genre dure longtemps.

— Écoutez-moi, dit Raphaël, qui a l'air perdu. Je ne suis pas le Magicien de la météo. Je suis Raphaël. Je ne savais plus ce que je faisais. J'essayais de vous impressionner, c'est tout.

On se croirait dans les montagnes russes.

Je déteste les montagnes russes. Ça me donne mal au cœur!

L'autobus rétrécit...
Le Magicien réfléchit.

Au moment où Raphaël actionne un dernier levier, l'autobus rapetisse pour devenir aussi petit qu'une balle de ping-pong. Nous sommes devenus minuscules. À l'extérieur, les gouttes de pluie semblent énormes.

— Oh! non! grogne Raphaël. J'ai actionné le mauvais levier. La situation empire.

Croyez-le ou non, mais Kisha est désolée pour Raphaël :

— Allons, Magicien, dit-elle, gentiment. Tu peux nous sortir du pétrin. Réfléchis un peu!

Raphaël reprend courage, lorsqu'il entend Kisha l'appeler « Magicien ».

Pendant que Raphaël réfléchit, l'autobus est pris dans un courant ascendant. Il monte plus haut dans les airs. Il fait plus froid ici, et il y a d'énormes flocons de neige au lieu d'énormes gouttes de pluie. Raphaël pense à voix haute :

— Bon. L'orage doit éclater. Descendre. Monter... avec le courant ascendant... Geler, tomber, fondre... de la neige fondue qui tombe... qui tombe vers le bas. Ça y est! Éclater et tomber. Le Magicien va réussir!

Nous sortons de l'autobus-planeur, tandis que Liza se met aux commandes. Chacun de nous attrape un flocon de neige, et nous commençons notre descente... pendant une petite minute.

— Je ne voudrais pas déranger, dit Jérôme, mais mon flocon fond.

— Nous tombons en pluie! crie Hélène-Marie.

Et tout à coup, nous atterrissons dans le pluviomètre de Carlos.

— Ça marche! s'écrie Carlos. Il y a déjà 2 cm de pluie. Plus huit élèves et un professeur.

Mais tout n'est pas fini! Comment sortir du pluviomètre? Heureusement, Liza a garé l'autobus dans le parc de stationnement.

Comment allons-nous sortir d'ici?

Mme Friselis fait un signe à Liza. Elle nous « verse » du pluviomètre, sur le sol devant la porte de l'école, et nous retrouvons notre taille normale.

Enfin, sains et saufs et de retour dans notre classe, nous discutons de ce que nous avons appris pendant notre excursion.

— Du vent, de l'eau et de la chaleur peuvent produire une grosse tempête, commence Catherine.

— Les mêmes ingrédients peuvent donner une belle journée ensoleillée, précise Mme Friselis. Le secret est dans le mélange.

Raphaël a un détail à ajouter :

— À partir de maintenant, je vais laisser le travail dc la création du temps à...

— La Magicienne de la météo! s'écrie Kisha.

— Oublie ça, Kisha, dit Raphaël. Tu ne peux pas être la Magicienne de la météo, pas plus que je peux être le Magicien de la météo. C'est une responsabilité bien trop grande pour nous.

TÉLÉPHONE : Dring! Dring!

ÉDITEUR : Ici les productions de l'autobus magique.

LECTRICE : J'étudie pour devenir Magicienne de la météo. Voulez-vous vérifier mes connaissances?

ÉDITEUR : D'accord. Qu'est-ce que le temps?

LECTRICE : Le temps est créé par l'air au-dessus de nous, jusqu'aux nuages les plus élevés, et aussi par l'air qui nous entoure. Posez-moi une autre question.

ÉDITEUR : Vrai ou faux : la plupart des gouttes de pluie sont, au départ, de la glace ou de la neige.

LECTRICE : Vrai! Et parfois, pendant un orage, il peut aussi y avoir de la grêle, c'est-à-dire des morceaux de glace qui tombent sur le sol avant de fondre. Posez-moi une autre question.

ÉDITEUR : D'accord. Nous avons parlé de la chaleur, de l'eau et de l'air en mouvement, qui se combinent pour créer le temps qu'il fait. Mais nous avons oublié un autre élément important.

LECTRICE : Oui! Le sol. Par exemple, les montagnes peuvent exercer une pression ascendante sur l'air, ce qui produit les orages. Et elles peuvent aussi barrer la route aux pluies.

ÉDITEUR : Exact. Le temps n'est pas aussi simple que ce que croyait le Magicien de la météo. Le temps peut être très complexe. Maintenant, j'aimerais savoir si vous voulez vraiment devenir Magicienne de la météo.

LECTRICE : Mais non! Il n'y a pas de Magicienne ni de Magicien de la météo. Personne ne crée le temps!

ÉDITEUR : Même pas un Lézard de la météo?

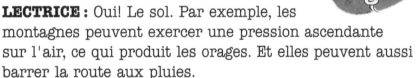

Brrrom! Brrrom! BOUM!

À quelle distance est l'orage?
Une activité pour les parents et les enfants

Si vous êtes en plein cœur d'un orage, vous pouvez voir les éclairs et entendre le tonnerre à peu près en même temps. Mais si vous êtes un peu éloigné du centre de l'orage, vous verrez les éclairs avant d'entendre le tonnerre. C'est parce que la lumière voyage plus vite que le son.

On peut savoir à combien de kilomètres est le centre d'un orage, en comptant les secondes entre l'éclair et le tonnerre et en divisant la somme par 3, à l'aide d'une montre ou d'une horloge avec une trotteuse. Si le délai entre le tonnerre et l'éclair est de 6 secondes, l'orage est à 2 km, parce que 6 divisé par 3 donne 2. Si le délai est de 15 secondes, l'orage est à cinq kilomètres. Plus le délai est long, plus l'orage est loin.

Si tu comptes les secondes entre l'éclair et le tonnerre à quelques reprises, et que chaque fois le délai s'allonge, cela veut dire que l'orage s'éloigne et que le temps reviendra au beau bientôt. Si le délai raccourcit d'une fois à l'autre, le centre de l'orage s'approche de toi. Si le tonnerre et l'éclair se produisent en même temps, le centre de l'orage est directement au-dessus de toi. N'oublie pas les conseils de Jérôme : quand il y a de la foudre, mets-toi à l'abri à l'intérieur!

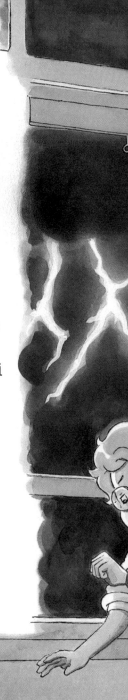